# INSTRUCTION

SUR LE

# SERVICE DU GÉNIE EN CAMPAGNE,

A L'USAGE

DE L'ÉCOLE D'APPLICATION

DU CORPS ROYAL D'ÉTAT-MAJOR.

---

A PARIS,

CHEZ ANSELIN ET POCHARD (SUCCESSEURS DE MAGIMEL),
Libraires pour l'Art militaire, rue Dauphine, n° 9.

1825.

# INSTRUCTION

SUR LE

# SERVICE DU GÉNIE EN CAMPAGNE.

---

Dans une armée en campagne, le nombre des officiers du génie, la force des troupes et le matériel de cette arme dépendent des opérations qui sont projetées. Cependant l'usage a consacré quelques règles générales pour l'organisation du personnel et du matériel.

---

## PREMIÈRE PARTIE.

### PERSONNEL ET SERVICE DU PERSONNEL.

---

On attache ordinairement, à l'état-major de chaque division d'infanterie (1), un capitaine du génie; à l'état-major de chaque corps d'armée, un officier supérieur et deux ou trois officiers;

---

(1) On attache aussi quelquefois des officiers aux divisions de cavalerie.

enfin, à l'état-major général d'une armée, un officier général et plusieurs officiers.

Une compagnie de sapeurs est affectée à chaque division d'infanterie. Plusieurs compagnies, soit de sapeurs soit de mineurs, marchent avec l'état-major général de l'armée.

Le personnel attaché au parc du génie marche avec ce parc, lequel suit assez ordinairement le mouvement des parcs de l'artillerie. Il consiste en un officier supérieur commandant le parc, un ou deux officiers, suivant les travaux du parc, un ou deux gardes du génie, un détachement du train, un détachement de la compagnie d'ouvriers et quelquefois un détachement de sapeurs ou mineurs.

Les officiers du génie attachés à l'état-major d'une armée, d'un corps d'armée ou d'une division, suivent le quartier-général de cette armée, de ce corps d'armée ou de cette division. Ils y remplissent toutes les missions relatives à leur service spécial, et sont particulièrement chargés de reconnaître les positions, soit qu'on ait à les fortifier, soit qu'il faille en faire l'attaque, les rivières, pour préparer les moyens d'en effectuer le passage et d'en couvrir les ponts, les postes, pour les mettre en état de défense, etc. Ils sont aussi chargés de toutes les constructions que l'établissement des troupes rend nécessaires; ils tracent et font construire les ouvrages de fortification passagère, les routes, et les ponts (1) autres que ceux de pontons ou de bateaux qui concernent l'artillerie.

Les officiers et les troupes du génie, attachés aux divisions d'un corps d'armée, sont sous les ordres du commandant du génie de ce corps, qui prend ceux du général commandant le corps d'armée, pour changer leur destination lorsqu'il le juge convenable.

Dans les marches offensives, des détachemens de troupes du génie suivent immédiatement l'avant-garde des divisions et corps d'armée ; ils réparent les communications qui existent, et en ouvrent, au besoin, de nouvelles; dans les retraites, ces détachemens marchent avec les arrière-gardes pour gâter les chemins, les gués, faire sauter les ponts, etc.

Le commandant du génie d'une armée prend les ordres du général en chef pour tout ce qui concerne son service.

Dans l'attaque des retranchemens, des troupes du génie marchent, suivant les circonstances,

(1) Les officiers du génie font établir, en général, tous les ponts dont les supports sont fixes ; ainsi, les ponts sur pilotis, les ponts sur chevalets ; cependant, ils font également construire quelques ponts à supports flottans ; par exemple, les ponts de radeaux et autres qu'on peut faire avec les matériaux qu'on trouve sur les lieux.

avec les compagnies d'élite qui forment la tête des colonnes, ou à la suite de ces compagnies.

Si l'on veut s'établir en présence de l'ennemi sur les bords d'une rivière, des détachemens de sapeurs passent avec les premières troupes. Aussitôt après que le passage a été effectué, le commandant du génie trace les ouvrages à élever et en dirige la construction.

Dans d'autres circonstances, les troupes du génie restent en réserve pour exécuter des travaux sur les derrières de l'armée ; elles sont alors employées à ouvrir des communications, à aplanir des obstacles et à faciliter ainsi le mouvement des troupes et de l'artillerie.

Enfin, le général en chef, s'il le juge nécessaire, fait réunir les troupes du génie et leur assigne un poste sur le champ de bataille (1).

Lorsqu'un officier du génie fait partie d'un détachement, il est tenu de tracer et faire exécuter tous les ouvrages dont la construction est prescrite par le commandant de ce détachement, sauf à en rendre compte au commandant en chef du génie, s'il y a lieu.

Il est défendu à tout officier du génie, servant dans une armée, de communiquer les plans des

(1) Cela s'est vu, et nous en faisons mention; mais ce n'est pas le service des troupes du génie, et en général on peut les employer plus utilement.

places ou des ouvrages qu'il a fait construire, si ce n'est à l'officier général commandant l'armée ou le corps de troupes dont il fait partie.

Dans une armée destinée à faire des siéges, tous les officiers du génie, tant ceux qui sont attachés à l'état-major de cette armée, que ceux qui appartiennent aux états-majors divisionnaires et aux compagnies, sont organisés en brigades, chacune, suivant Vauban (*Attaque des Places*, page 129), de huit ou neuf officiers, y compris un commandant en premier et un commandant en second. Chaque officier, dans sa brigade, monte la tranchée à son tour.

Il doit y avoir, à chaque front d'attaque, autant de brigades qu'il y a de capitales sur lesquelles on chemine. Ainsi le nombre des officiers du génie, soit de l'état-major, soit des troupes employées à une attaque qui nécessite trois cheminemens, doit être de vingt-quatre à vingt-sept.

On a souvent aussi donné le nom de brigade de siége, à la réunion des officiers du génie employés à la même attaque, quelque soit d'ailleurs le nombre des capitales sur lesquelles on chemine.

Un colonel ou un officier général du génie, suivant l'importance du siége, commande la brigade ou les brigades de siége; un officier supérieur remplit les fonctions de chef d'état-major.

Tous les officiers sont campés ou bivouaqués le plus près de la tranchée qu'il est possible.

Le commandant du génie, dans une armée qui fait un siége, dirige les opérations sous les ordres du général en chef. Il détermine le front d'attaque, tient le journal du siége et fait dresser le plan directeur des attaques d'après les levers des officiers du génie. Il propose au général en chef, de concert avec le commandant de l'artillerie, les batteries qui lui paraissent nécessaires. Enfin, il règle le dispositif des troupes et des travailleurs qu'on emploie dans les tranchées.

L'officier du génie, de service à la tranchée, dispose entièrement des travailleurs. Ceux-ci sont commandés de service, par le major de tranchée, et conduits par des officiers d'état-major jusqu'aux dépôts de tranchée ou jusqu'aux lieux qui ont été assignés. Des officiers de la ligne restent avec eux et sont chargés de les exciter au travail.

Un ordre du jour du général en chef fixe le travail de nuit des hommes qui ouvrent une tranchée. La tranchée creusée par chacun d'eux doit avoir, si le terrain est facile à remuer, une profondeur d'un mètre, une largeur d'un mètre vingt centimètres, une longueur d'un mètre au moins, et de deux mètres au plus. Les travailleurs sont payés sur un certificat délivré par l'officier du génie sous les ordres duquel ils ont été employés. Lorsque le terrain est tel qu'on l'a supposé, ils ont fini leur tâche avant le jour.

Le major de tranchée est un officier supérieur d'état-major, chargé de commander en raison des besoins du service les travailleurs et les troupes qui composent la garde de la tranchée. Celles-ci sont relevées toutes les vingt-quatre heures. Les travailleurs sont relevés toutes les douze heures; la première nuit du siége, ils reçoivent, aux dépôts de tranchée, les outils dont ils ont besoin; lorsqu'ils sont relevés, ils en font la remise aux travailleurs de jour, ceux-ci la font aux travailleurs de la seconde nuit; ainsi de suite. Tous les travailleurs se rendent à la tranchée avec leurs armes, et chacun les dépose à côté de lui sur le revers de la tranchée.

Les sapeurs sont chargés exclusivement du travail de la sape pleine. On les divise, pour ce travail, en brigades, chacune de huit hommes. Ainsi, dans le cas où à partir de la troisième parallèle, on devrait cheminer en sape double sur cinq saillans, le nombre des brigades employées à la fois, serait de dix, et celui des sapeurs de quatre-vingts. Si l'on suppose, en outre, que le travail est réglé à raison de douze heures de travail et de vingt-quatre heures de repos, le nombre des sapeurs disponibles, pour la sape pleine, devra être de deux cent quarante. Il faut ajouter une réserve, forte de la moitié, pour remplacer les hommes tués ou blessés, et continuer la confection des matériaux nécessaires aux travaux du siége ; total, trois cent soixante hommes, et quatre cents hommes environ, y compris les sous-officiers.

Ce n'est pas ici le lieu d'expliquer le travail de la sape pleine ; il nous suffira de dire qu'on l'exécute aujourd'hui d'après différens commandemens.

Les gardes du génie, dont nous avons fait mention, remplissent au parc les fonctions de gardes-magasins. Le détachement de la compagnie d'ouvriers est essentiellement attaché au parc pour l'entretien des voitures et des outils. Il accompagne les voitures dans les marches, et les ouvriers aident même les soldats du train à enrayer et graisser les essieux.

*Composition d'une compagnie de Sapeurs ou de Mineurs sur le pied de guerre.*

| | |
|---|---|
| Capitaine en premier. . . . . . . . | 1 |
| Capitaine en second. . . . . . . . | 1 |
| Lieutenant en premier. . . . . . . | 1 |
| Lieutenant en second. . . . . . . | 1 |
| TOTAL des officiers. . . . . . . . | 4 |
| Sergent-major. . . . . . . . . . . . | 1 |
| Sergens. . . . . . . . . . . . . . . | 8 |
| Fourrier. . . . . . . . . . . . . . . | 1 |
| *A reporter*. . . . . . . . . . | 10 |

*Report ci-contre.* . . . . . . 10

Caporaux. . . . . . . . . . . . . . 12
Artificiers ou maîtres-ouvriers. . . 4
Sapeurs ou mineurs de première classe. . . . . . . . . . . . . . . 62
*Idem*, de seconde classe. . . . . 60
Tambours. . . . . . . . . . . . . 2

TOTAL des sous-officiers et soldats. . . . . . . . . . . . . . . 150

*Composition de la compagnie d'Ouvriers.*

Même nombre de sous-officiers, caporaux et tambours que dans les compagnies de sapeurs et mineurs. . . . . . . . . . . . . . . 24
Maîtres-ouvriers. . . . . . . . . 18
Ouvriers de première classe. . . . 50
*Idem*, de seconde classe. . . . . 58

TOTAL. . . . . . . . . . . . . . . 150

*Composition des compagnies du Train.*

Capitaine. . . . . . . . . . . . . 1
Lieutenant. . . . . . . . . . . . 1
Sous-lieutenant. . . . . . . . . . 1

TOTAL des officiers. . . . . . . 3

| | |
|---|---|
| Maréchal-des-logis chef. . . . . . . | 1 |
| Maréchaux-des-logis. . . . . . . . | 4 |
| Fourrier. . . . . . . . . . . . . . . | 1 |
| Brigadiers. . . . . . . . . . . . . . | 6 |
| Sodats de première classe. . . . . | 58 |
| *Idem*, de seconde classe. . . . . . | 58 |
| Maréchaux-ferrans. . . . . . . . . . | 6 |
| Bourreliers non montés. . . . . . | 4 |
| Trompettes. . . . . . . . . . . . . | 2 |
| TOTAL. . . . . . . . . . . . . . . . | 140 |

| | |
|---|---|
| Chevaux de trait des soldats de première et seconde classe. . . | 232 |
| Chevaux de selle des sous-officiers brigadiers, maréchaux-ferrans et trompettes. . . . . . . . . . | 20 |
| Chevaux de selle des officiers. . . | 7 |
| TOTAL. . . . . . . . . . . . . . . . | 259 |

---

# DEUXIÈME PARTIE.

## MATÉRIEL.

### §. Ier. *Matériel particulier aux Compagnies de Sapeurs et de Mineurs.*

Chaque compagnie a un petit matériel pour l'exécution des travaux et des opérations dont elle peut être chargée lorsqu'elle est détachée. Ce matériel n'est pas réglé d'une manière bien fixe : il a varié dans les différentes campagnes. Il se compose, 1° des outils portés par les sapeurs ou les mineurs ; 2° de ceux qui sont portés à la suite de la compagnie par deux chevaux de bât ou par un petit caisson à deux roues, à un seul collier. Une compagnie ne peut pas, avec ces moyens, exécuter de grands travaux, mais elle peut rendre des services importans dans certaines circonstances.

1° *Outils portés par les hommes.*

Le nombre et l'espèce des outils qui sont portés par les caporaux, maîtres-ouvriers et soldats des troupes du génie, ont été réglés de la manière suivante par un décret de Braunau, du 1er novembre 1805 ; savoir :

| | Pour 88 hommes | d'où pour 138 hommes. |
|---|---|---|
| Serpes. . . . | 8 | 12 |
| Haches. . . . | 25 | 40 |
| Pelles carrées. | 25 | 40 |
| Pioches. . . . | 30 | 46 |

Ces outils ont des étuis avec banderoles en vache à grains.

### 2° *Chargement des Caisses d'outils portées par les chevaux de bât des compagnies de Sapeurs.*

Le chargement des caisses des chevaux de bât est peu considérable ; il consiste en un petit nombre d'outils de charrons et de charpentiers, des broches, des clameaux et des cordages en quantité suffisante pour réparer un pont. On ne peut, en effet, faire porter guère plus de 100 kilogrammes par un cheval de bât, non compris le poids du bât.

L'un des chevaux porte deux caisses simples, l'autre deux caisses doubles. Les caisses simples ont les dimensions suivantes hors œuvre :

| | m. |
|---|---|
| Longueur. . . . . . . . . . . . . . . . . | 0,765 |
| Largeur. . . . . . . . . . . . . . . . . | 0,300 |
| Hauteur sur le devant. . . . . . . . . | 0,295 |
| Hauteur sur le derrière. . . . . . . . | 0,350 |

Le dessus ou le couvercle a $0^{m},78$ de longueur. Les planches des caisses ont au plus 2 centimètres d'épaisseur. Chaque caisse double est composée d'une caisse simple et d'une petite caisse fixée sur le couvercle de la caisse simple. La petite caisse a les dimensions suivantes hors œuvre :

| | m. |
|---|---|
| Longueur. . . . . . . . . . . . . . . . . | 1,18 |
| Largeur. . . . . . . . . . . . . . . . . | 0,18 |
| Hauteur sur le devant. . . . . . . . . . | 0,11 |
| Hauteur sur le derrière . . . . . . . . | 0,125 |

Chaque bât a deux crochets, auxquels on suspend les caisses par le moyen d'anneaux ; et comme la charge doit toujours porter plus sur le derrière que sur le devant du cheval, chaque caisse a un anneau simple et un bout de chaîne composée de trois anneaux ; en sorte que l'on peut faire varier d'une manière convenable la position de la caisse.

## *Chargement du premier cheval.*

| | m. |
|---|---|
| Première caisse double | 16 » |
| Cadenas | 0,80 |
| | 16,80 |

*Caisse Supérieure.*

| | |
|---|---|
| 3 Mèches de villebrequin | 0,10 |
| 1 Pince de 1 mètre de long, à pied de biche | 5,90 |
| 1 Grande scie | 2,80 |
| Pierres à tracer | 0,50 |

*Caisse Inférieure.*

| | |
|---|---|
| 2 Herminettes | 5,50 |
| 1 Marteau rivoir | 0,60 |
| Clous divers | 10 » |
| 8 Torches (7 en résine et 1 en cire) | 8 » |
| | 50,20 |

| | |
|---|---|
| Deuxième caisse double | 16 » |
| Cadenas | 0,80 |
| | 16,80 |

*Caisse Supérieure.*

| | |
|---|---|
| 1 Lime tiers-point. } 2 Limes de serrurier. } | 0,30 |
| 1 Besaiguë | 3,15 |
| 1 Compas moyen droit | 0,10 |
| 2 Pierres à affiler | 0,30 |
| *A reporter* | 20,65 |

| | m. |
|---|---|
| *Report d'autre part.* . . . . . | 20,65 |
| 1 Plane de charron. . . . . . . . . . . . | 0,40 |
| 2 Scies passe-partout. . . . . . . . . . . | 3,20 |
| 1 Scie moyenne. . . . . . . . . . . . . . | 1,50 |
| 4 Vrilles. . . . . . . . . . . . . . . . | 0,30 |

*Caisse Inférieure.*

| | |
|---|---|
| 4 Manches de scies passe-partout. . . . | 1 » |
| 2 Ciseaux de menuisier. . . . . . . . . | 0,60 |
| 2 *Idem* de charron et charpentier. . | 1,60 |
| 1 Epaule de mouton. . . . . . . . . . . | 2,80 |
| 1 Equerre en fer. . . . . . . . . . . . | 1,15 |
| 1 Fût de villebrequin. . . . . . . . . . | 0,50 |
| 2 Gouges de charron et charpentier. . | 2,10 |
| 1 Hache de charpentier. . . . . . . . . | 3 » |
| 2 Maillets. . . . . . . . . . . . . . . | 2,45 |
| 2 Marteaux de charpentier. . . . . . . | 2,40 |
| 1 Piochon. . . . . . . . . . . . . . . | 3,05 |
| 4 Tarrières diverses. . . . . . . . . . | 3 » |
| 1 Tenaille. . . . . . . . . . . . . . . | 0,50 |
| Total. . . . . . . . . . . . . | 50,20 |

RÉCAPITULATION.

*Premier Cheval.*

| | |
|---|---|
| Première caisse. . . . . . . . . . . . . | 50,20 |
| Deuxième caisse. . . . . . . . . . . . | 50,20 |
| 1 Bât (1). . . . . . . . . . . . . . . | 25 » |
| Le sac du conducteur. . . . . . . . . | 15 » |
| Total. . . . . . . . . . . . . | 140,40 |

(1) Avec ses sangles, contre-sanglons, culeron, croupière, poitrail et volant en cuir de Hongrie, toile pour couvrir la croupe, une bride et un fouet.

Tous les outils sont emmanchés ou ont leurs manches dans les caisses. Les caisses inférieures ne sont remplies qu'à moitié. On ajoute un peu de paille et de la bourre pour rembourrer les bâts.

*Chargement du deuxième Cheval.*

| | k. |
|---|---|
| Première caisse simple. . . . . . . . . | 12,50 |
| Cadenas. . . . . . . . . . . . . . . . . | 0,80 |
| Cordages assortis. . . . . . . . . . . . | 15 » |
| Cordeaux. . . . . . . . . . . . . . . . | 2 » |
| Broches assorties. . . . . . . . . . . . | 20,50 |
| Total. . . . . . . . . . . . . . | 50,80 |

| | |
|---|---|
| Première caisse simple. . . . . . . . . | 12,50 |
| Cadenas. . . . . . . . . . . . . . . . . | 0,80 |
| Cordages assortis. . . . . . . . . . . . | 15 » |
| Broches assorties. . . . . . . . . . . . | 4,50 |
| Clameaux. . . . . . . . . . . . . . . . | 18 » |
| Total. . . . . . . . . . . . . . | 50,80 |

RÉCAPITULATION.

| | k. |
|---|---|
| Première caisse. . . . . . . . . . . . | 50,80 |
| Deuxième caisse. . . . . . . . . . . . | 50,80 |
| 1 Bât. . . . . . . . . . . . . . . . . | 25 » |
| Le sac du conducteur. . . . . . . . . | 15 » |
| Total. . . . . . . . . . . . | 141,60 |

Les caisses sont bien remplies. Les cordages ont, les uns 7 centimètres de tour, les autres 4. Les broches ont de 24 à 37 centimètres de longueur. Les clameaux ont 23 centimètres de longueur.

2° bis. *Chargement des caisses d'outils portées par les Chevaux de bât des compagnies de Mineurs.*

*Chargement du premier Cheval.*

| | k. |
|---|---|
| Première caisse double. . . . . . . . | 16 » |
| Cadenas. . . . . . . . . . . . . . . . . | 0,80 |
| *Caisse Supérieure.* | |
| 1 Aiguille à pétarder de 1m15. . . . . | 5,20 |
| 2 Curettes de 1m. . . . . . . . . . . . | 1,10 |
| 2 *Idem* de 0.60. . . . . . . . . . . | 0,70 |
| 2 Epinglettes de 1m . . . . . . . . . . | 1,20 |
| 2 Curettes de 0.60. . . . . . . . . . . | 0,70 |
| 1 Pince de 1m. . . . . . . . . . . . . | 7,30 |
| 1 Fil à plomb à petites pointes. . . . | 0,20 |
| 1 Compas moyen droit. . . . . . . . . | 0,10 |
| 20 Vrilles. . . . . . . . . . . . . . . . | 0,70 |
| 2 Manches de pelles rondes. . . . . . | 1,10 |
| *Caisse Inférieure.* | |
| 2 Pelles rondes. . . . . . . . . . . . | 2 » |
| 2 Pioches avec manches. . . . . . . . | 5 » |
| 1 Pistolet de 0m.50. . . . . . . . . . | 2,30 |
| 2 Ciseaux de menuisier. . . . . . . . | 0,60 |
| 2 Tenailles. . . . . . . . . . . . . . | 1 » |
| 2 Sacs de cuir pour transporter les poudres. . . . . . . . . . . . . . | 1 » |
| 1 Kilogramme de ficelle. . . . . . . | 1 » |
| 50 Mètres courans de saucisson en toile. | 2 » |
| TOTAL. . . . . . . . . . . . | 50 » |
| Deuxième caisse double. . . . . . . . | 16 » |
| Cadenas. . . . . . . . . . . . . . . . . | 0,80 |
| *A reporter.* . . . . . . . . . . . | 16,80 |

| | k. |
|---|---|
| *Report d'autre part.* . . . . | 16,80 |

*Caisse Supérieure.*

| | |
|---|---|
| 2 Pistolets de 1m . . . . . . . . . . . . | 10 » |
| 1 Refouloir en fer saboté en cuivre, de 1m de longueur. . . . . . . . . . | 4,10 |
| 1 Langue de bœuf. . . . . . . . . . | 2,30 |
| 2 Manches de dragues. . . . . . . . | 1,10 |
| 2 Règles de 1m. . . . . . . . . . . . . | 1,30 |
| 1 Boîte à briquet garnie. . . . . . . . | 0,20 |

*Caisse Inférieure.*

| | |
|---|---|
| 2 Dragues. . . . . . . . . . . . . . . | 3,60 |
| 1 Fausse équerre en fer. . . . . . . . | 1,50 |
| 2 Planes de charron. . . . . . . . . . | 0,80 |
| 1 Boîte à pulvérin. . . . . . . . . . | 0,65 |
| 1 Entonnoir en fer blanc. . . . . . . | 0,30 |
| 1 Mesure *Idem*. . . . . . . . . . | 0,35 |
| Clous d'applicage et autres. . . . . | 7 » |
| TOTAL. . . . . . . . . . . . | 50 » |

*Chargement du second Cheval.*

| | |
|---|---|
| Première caisse simple. . . . . . . . . | 12,50 |
| Cadenas . . . . . . . . . . . . . . . | 0,80 |
| 1 Refouloir en fer saboté en cuivre, de 0m.60 de longueur. . . | 2,45 |
| 1 *Idem* de 0.50. . . . . . . . . . | 0,70 |
| 2 Pinces de 0.60. . . . . . . . . . | 3,25 |
| 2 Ciseaux de mineurs de 0m.60. . . . | 7,25 |
| 3 *Idem* de 0.30. . . . | 3,35 |
| 3 Petites masses carrées à main. . . . | 6,60 |
| 3 Chandeliers de mines. . . . . . . . | 1,20 |
| *A reporter.* . . . . . . . . . | 38,10 |

| | k. |
|---|---|
| *Report d'autre part.* . . . . | 38,10 |
| 1 Marteau à panne fendue en cuivre. | 0,55 |
| 1 Niveau de maçon. . . . . . . . . . | 0,70 |
| 1 Essette ou herminette. . . . . . . . | 2,80 |
| 2 Haches à main. . . . . . . . . . . | 3,80 |
| 2 Maillets. . . . . . . . . . . . . . . | 2,45 |
| 1 Marteau de charpentier. . . . . . . | 1,10 |
| Cordeau à tracer. . . . . . . . . . . | 2 » |
| TOTAL. . . . . . . . . . . | 51,50 |

| | |
|---|---|
| Deuxième caisse simple. . . . . . . . | 12,50 |
| Cadenas. . . . . . . . . . . . . . . . . | 0,80 |
| 1 Pistolet de $0^m.60$ de long. . | 3,60 |
| 2 Poinçons à tête de 0.60. . . . . . . | 7,30 |
| 2 *Idem* de 0.30. . . . . . . | 2,25 |
| 2 Coins en fer de 0.25. . . . . . . | 5,40 |
| 2 *Idem* de 0.16. . . . . . . | 4,10 |
| 2 Grosses masses carrées. . . . . . . | 9,05 |
| 1 Hache de charpentier. . . . . . . . | 3 » |
| 2 Pierres à affiler. . . . . . . . . . . | 0,30 |
| 2 Scies moyennes. . . . . . . . . . . | 3 » |
| 1 Lime tiers-point. . . . . . . . . . . | 0,20 |
| TOTAL. . . . . . . . . . . . . | 51,50 |

3° *Chargement du Caisson à deux roues.*

Le chargement de ce caisson est plus considérable que celui des caisses de bât ; on peut faire traîner aisément par un cheval 250 kilogrammes, non compris le poids de la voiture. Le caisson est, en outre, plus commode que les caisses de bât : la manœuvre d'ôter et replacer ces caisses cause de l'embarras, et des précautions sont nécessaires pour que les chevaux ne soient pas blessés ; néanmoins, les caisses sont préférables au caisson sous le rapport de la facilité et de la promptitude du transport dans les pays montueux.

Le caisson est composé d'un corps de voiture à limonière, sur lequel on place une caisse qui contient les outils, et qu'on peut ôter à volonté. L'intérieur de la caisse présente quatre compartimens, nos 1, 2, 3 et 4. Le premier contient les outils de mineurs, quelques instrumens et autres objets ; le second contient les outils de charrons et charpentiers ; le troisième ceux de menuisiers ; le quatrième ceux de maçons et tailleurs de pierres.

## *Détails du Chargement.*

### I. *Corps de Voiture.*

| | k. |
|---|---|
| Les brancards et la limonière. . . . . | 80 » |
| Les deux roues. . . . . . . . . . . . . | 140 » |
| I. . . . . . . . . . . . . . . . . | 220 » |

### II. *Caisson et Agrès.*

| | |
|---|---|
| La caisse portative. . . . . . . . . . . | 72 » |
| 2 Leviers porte-caisse. . . . . . . . . | 20 » |
| 2 Cadenas. . . . . . . . . . . . . . . | 0,20 |
| 1 Pot à graisse. . . . . . . . . . . . | 1,60 |
| 1 Seau de voiture. . . . . . . . . . . | 4 » |
| II. . . . . . . . . . . . . . . . | 97,80 |

### Case no 1.

*Outils de Mineurs, Instrumens, etc.*

| | |
|---|---|
| 1 Pistolet de 1m. . . . . . . . . . . . | 5,35 |
| 1 *Idem* de 0,70 . . . . . . . . . . . | 3,66 |
| *A reporter*. . . . . . . . . . | 9,01 |

| | | k. |
|---|---|---|
| | *Report d'autre part.* . . . . . | 9,01 |
| 2 | Pistolets de 0,50. . . . . . . . . . . | 4,34 |
| 1 | Curette de 1. . . . . . . . . . . . . | 0,45 |
| 1 | *Idem* de 0,70 . . . . . . . . . . . | 0,31 |
| 2 | *Idem* de 0,50 . . . . . . . . . . . | 0,44 |
| 2 | Epinglettes de 0,70. . . . . . . . . | 0,68 |
| 2 | *Idem* de 0,50 . . . . . . . . . . | 0,46 |
| 1 | Refouloir de 0,70. . . . . . . . . . | 4,22 |
| 1 | *Idem* de 0,50 . . . . . . . . . . | 2.82 |
| 1 | Masse carrée. . . . . . . . . . . . | 2,44 |
| 1 | Masse à tranche (grosse). . . . . . | 4,01 |
| 1 | *Idem* (moyenne). . . . | 2,47 |
| 3 | Pics à tête. . . . . . . . . . . . . . | 9,03 |
| 1 | Pince de 1 mètre. . . . . . . . . . . | 4,42 |
| 1 | Pince à pied de biche. . . . . . . . | 4,40 |
| 2 | Poinçons à grains d'orge. . . . . . | 2,90 |
| 1 | Coin de fer de 0$^{m}$,20. . . . . . . . . | 2,16 |
| 1 | *Idem* de 0,16. . . . . . . . . | 1,38 |
| 4 | Fils à plomb avec chat. . . . . . . . | 0,72 |
| 100 | Mètres courans de saucisson en toile. | 2 » |
| 1 | Entonnoir. . . . . . . . . . . . . . . | 0,11 |
| 1 | Mesure pour la poudre. . . . . . . . | 0,22 |
| 1 | Sac de cuir. . . . . . . . . . . . . . | 0,53 |
| 1 | Marteau en cuivre. . . . . . . . . . | 0,53 |
| 1 | Boîte à pulvérin. . . . . . . . . . . | 0,22 |
| 20 | Serpes. . . . . . . . . . . . . . . . . | 15,80 |
| 25 | Mètres cour. de mèches pour étoiles. | 1 » |
| 60 | *Idem* de mèches soufrées. . . | 0,25 |
| 1 | Goniasmometre. . . . . . . . . . . . | 0,50 |
| 1 | Pied pour *idem*. . . . . . . . . . . | 0,50 |
| 1 | Etui de mathématiques. . . . . . . | 0,40 |
| 4 | Doubles décimètres. . . . . . . . . | 0,05 |
| | *A reporter*. . . . . . . . . . | 78,77 |

| | | k. |
|---|---|---|
| | *Report ci-contre.* | 78,77 |
| 1 | Câble de 18 mètres de long et 21 millimètres de diamètre. | 7 » |
| 1 | Petite maille de 60 mètres de long. | 4,25 |
| 300 | Mètres courans de cordeau à tracer. | 1,80 |
| 6 | Sacs à terre. | 1,50 |
| 2 | Boîtes à briquet garnies. | 0,50 |
| | Amadou. | 0,25 |
| 4 | Torches | 4 » |
| 2 | Lanternes. | 1 » |
| | N° 1. | 99,07 |

CASE n° 2.

*Outils de Charrons et de Charpentiers, broches, clous, etc.*

| | | k. |
|---|---|---|
| 1 | Cognée de charpentier. | 3,53 |
| 1 | *Id.* de charron. | 3,43 |
| 1 | Scie passe-partout. | 2,10 |
| 1 | *Id.* de scieur de long. | 6,30 |
| 1 | *Id.* de charpentier. | 4,80 |
| 1 | Herminette. | 2,72 |
| 2 | Planes de charron. | 0,96 |
| 1 | Compas droit de $0^{m},22$. | 0,14 |
| 1 | Fausse équerre en fer. | 1,21 |
| 2 | Reinettes tourne-à-gauche. | 0,38 |
| | Pierres à tracer noires. | 0,50 |
| | *Id.* blanches. | 0,50 |
| 8 | Tarrières assorties. | 6,87 |
| 15 | Vrilles assorties. | 0,60 |
| 1 | Besaiguë. | 3,73 |
| 2 | Ciseaux de charpentier. | 1,44 |
| | *A reporter.* | 39,21 |

| | | k. |
|---|---|---|
| | *Report d'autre part.* . . . | 39,21 |
| 1 | Ciseau de charron. . . . . . . . . | 0,73 |
| 2 | Gouges de charpentier et charron. . | 1 » |
| 2 | Marteaux de charpentier. . . . . . . | 1,80 |
| 1 | Tenaille. . . . . . . . . . . . . . . | 0,85 |
| 2 | Niveaux de charpentier. . . . . . . | 1,50 |
| 2 | Pierres à affiler . . . . . . . . . . . | 0,40 |
| 80 | Broches assorties. . . . . . . . . . | 13,26 |
| 15 | Clameaux. . . . . . . . . . . . . . | 7,50 |
| 1110 | Clous ordinaires. . . . . . . . . . . | 11 » |
| 217 | *Id.* rondelets. . . . . . . . . . . . | 0,25 |
| 1042 | Clous d'épingles. . . . . . . . . . . | 1 » |
| 12 | Clous de bandes de roue. . . . . . . | 0,43 |
| 2 | Esses d'essieu. . . . . . . . . . . . | 0,54 |
| 1 | Rondelle de bout d'essieu. . . . . . | 0,22 |
| 1 | Clef à verrou double. . . . . . . . . | 1,45 |
| 10 | Limes tiers-point. . . . . . . . . . . | 0,44 |
| 4 | Longes de $4^m$,70. . . . . . . . . . | 1,52 |
| 6 | Demi-longes de $2^m$,25. . . . . . . . | 1,26 |
| 55 | Mètres courans de cordeau pour monter les scies. . . . . . . . . . . | 0,77 |
| 200 | Mètres courans de ficelle fine. . . . | 0,40 |
| | N° 2. . . . . . . . . . . . . . | 85,53 |

CASE N° 3.

*Outils de Menuisiers.*

| | | k. |
|---|---|---|
| 2 | Haches à une main. . . . . . . . . . | 3,70 |
| 2 | Scies à tenon. . . . . . . . . . . . . | 3,04 |
| 1 | Scie tournante. . . . . . . . . . . . | 1,62 |
| 2 | *Id.* de batelier. . . . . . . . . . . . | 1,12 |
| 1 | Valet d'établi. . . . . . . . . . . . | 4,37 |
| | *A reporter.* . . . . . . . . . . | 13,85 |

| | k. |
|---|---|
| *Report ci-contre.* . . . . . . . . | 13,85 |
| 1 Maillet. . . . . . . . . . . . . . . . . . | 1,36 |
| 1 Galère. . . . . . . . . . . . . . . . . . | 1,54 |
| 1 Varlope. . . . . . . . . . . . . . . . . | 3 » |
| 1 Rabot. . . . . . . . . . . . . . . . . . | 0,85 |
| 1 Guillaume. . . . . . . . . . . . . . . | 0,84 |
| 2 Fers de galère et de rabot. . . . . . | 0,30 |
| 1 Fer de varlope. . . . . . . . . . . . | 0,17 |
| 1 *Id.* de guillaume. . . . . . . . . . . | 0,05 |
| 1 Compas droit de 0m,16. . . . . . . . | 0,09 |
| 1 Trusquin. . . . . . . . . . . . . . . | 0,35 |
| 2 Pointes à tracer. . . . . . . . . . . | 0,22 |
| 1 Fût de villebrequin. . . . . . . . . | 0,54 |
| 6 Mèches pour villebrequin. . . . . . | 0,08 |
| 4 Becs d'âne à manches. . . . . . . . | 1,40 |
| 2 Ciseaux plats. . . . . . . . . . . . . | 0,61 |
| 2 Gouges. . . . . . . . . . . . . . . . | 0,44 |
| 2 Marteaux rivoirs. . . . . . . . . . . | 0,54 |
| 2 Repoussoirs. . . . . . . . . . . . . . | 0,52 |
| 1 Tenaille. . . . . . . . . . . . . . . . | 0,85 |
| 4 Règles de 1 mètre. . . . . . . . . . | 1,92 |
| N° 3. . . . . . . . . . . . . . | 29,52 |

CASE N° 4.

*Outils de Maçons et Tailleurs de pierres.*

| | k. |
|---|---|
| 2 Marteaux de maçon. . . . . . . . . . | 2,68 |
| 1 Niveau de maçon. . . . . . . . . . . | 0,85 |
| 3 Truelles. . . . . . . . . . . . . . . . | 1,35 |
| 1 Pointe à tailler la pierre. . . . . . . | 0,49 |
| 2 Ciseaux pour tailler la pierre. . . . | 0,43 |
| *A reporter.* . . . . . . . . . . . | 5,80 |

| | k. |
|---|---|
| *A reporter d'autre part.* . . . . | 5,80 |
| 1 Maillet pour tailler la pierre. . . . | 1 » |
| 1 Equerre en fer. . . . . . . . . . . | 1,07 |
| 1 Meule de 0m.32. . . . . . . . . . . | 6,40 |
| 1 Monture de meule. . . . . . . . . . | 2,83 |
| N° 4. . . . . . . . . . . . . | 17,10 |

RÉCAPITULATION.

| | k. | |
|---|---|---|
| Corps de voiture. . . . . | 220 » | 317,80 |
| Caisson et agrès non renfermés dans le caisson. . | 97,80 | |
| Case n° 1. . . . . . . . . | 99.07 | 231,22 |
| Case n° 2. . . . . . . . . | 85,53 | |
| Case n° 3. . . . . . . . . | 29,52 | |
| Case n° 4. . . . . . . . . | 17,10 | |
| Total. . . . . . . . . . . | | 549,02 |

## §. II. *Matériel de la compagnie d'Ouvriers du Génie.*

Les parcs du génie ne sont jamais assez considérables pour exiger une compagnie entière d'ouvriers. Aussi il n'y a qu'une compagnie d'ouvriers dans le corps du génie. Elle est attachée à l'arsenal de construction, établi à Metz. Les détachemens d'ouvriers que l'on envoie à l'armée sont de vingt, trente, quarante hommes; ils suffisent avec les ouvriers d'art que l'on tire des compagnies. Ces détachemens n'ont pas de caissons d'outils particuliers. Le parc leur fournit les outils dont ils ont besoin. *Voyez* page 39.

## §. III. *Matériel du Parc.*

Le matériel d'un parc du génie se compose de voitures, de caisses, d'outils et d'approvisionnemens divers.

## *Des Voitures et des Caisses.*

Il y a quatre sortes de voitures dans les parcs du génie : les prolonges, les caissons, les forges et les fourgons.

Les *prolonges* sont semblables aux voitures connues dans l'artillerie sous les noms de *chariots à munitions*, *chariots de division* (1). Le fond est plat et garni de lattes espacées entre elles et appelées *épars de fond*. Les côtés, le devant et le derrière forment un encaissement peu profond qui reçoit les outils, ou quatre caisses contenant les outils et pouvant être enlevées à volonté. Dans les parcs du génie les chariots ou prolonges portent ordinairement des caisses; il y a aussi quelques prolonges qui n'en ont pas. Les côtés, le devant et le derrière sont faits en forme de râteliers; on désigne les côtés par le nom de *ridelles* (2), le devant et le derrière par le nom de *hayons*. Les ridelles sont fixes; on peut ôter le hayon de devant pour charger ou décharger la prolonge; on peut aussi ôter quelquefois le hayon de derrière pour faire la même manœuvre; il y a des prolonges où le hayon de derrière est nécessairement fixe, parce qu'il porte une pièce de bois appelée *essieu-porte-roue*, dont le nom indique l'objet. L'essieu-porte-roue a une rondelle particulière à laquelle on suspend une volée de devant ferrée et complète. C'est une grande roue que l'on place sur l'essieu-porte-roue. A chacun des côtés des prolonges sont fixés solidement deux étriers en fer appelés *ranchets*, et qui servent à porter les timons ou flèches de rechange, et quelquefois des essieux en fer.

---

(1) Il y a quelques légères différences. Voyez l'*Aide-Memoire d'artillerie*, pages 43, 206, 280, 295.

(2) Chacun des côtés est composé, 1° de deux pièces qui ont la longueur des côtés; 2° d'entre-toises appelées *épars montans*; 3° de petits barreaux appelés *roulons*. La pièce inférieure prend le nom de *brancard*; celle qui est supérieure retient le nom de *ridelle*.

On suspend aux brancards des prolonges, par le moyen de quatre chaînes en fer, une civière qui peut être plate ou courbe. La civière plate est percée d'un trou; ce qui lui a fait donner le nom de *civière à lunette ;* elle reçoit une petite roue de rechange. La civière courbe a deux petits rebords, et s'appelle *civière à ridelles ;* elle reçoit un cric ou d'autres objets tels que des volées ferrées, etc.

L'encaissement qui est formé par les ridelles et les hayons, a juste les dimensions nécessaires pour recevoir les quatre caisses que la prolonge doit porter. Sa longueur et sa largeur sont respectivement le double de celles des caisses; sa profondeur est de $0^{m},37$.

La longueur des caisses hors œuvre est de 1,56
Leur largeur est de. . . . . . . . . . . . 0,42

Leur profil a la figure d'un trapèze. La hauteur sur le devant est de 0,58, la hauteur sur le derrière est de 0,69; en sorte que le dessus, qui en forme le couvercle, est incliné. Elles sont numérotées 1, 2, 3, 4; les caisses 1 et 2 sont placées adossées sur le devant de la voiture, les caisses 3 et 4 sont également placées adossées sur le derrière; en sorte que les caisses sont deux à deux (1 et 3, 2 et 4), l'une à la suite de l'autre, de chaque côté de la voiture. On écrit les mots *train du génie* sur le couvercle des caisses 1 et 3, et les mots *prolonges d'outils* sur le couvercle des caisses 2 et 4. Ces indications guident dans le chargement et font gagner du temps.

On construit les caisses avec des planches bien sèches. On consolide les assemblages des angles par des ferremens légers; et l'on applique de la tôle sur le couvercle. Quelques caisses ont des compartimens; la plupart n'en ont pas. Chaque caisse a un fort cadenas et deux poignées en fer à ses extrémités. Chaque caisse ou caisson porte sur la face intérieure de son couvercle l'état de son chargement.

Toutes les voitures qui composent un parc ont un numéro. Les caisses des prolonges, les coffrets des caissons, ceux des fourgons ont les numéros de leurs voitures. Toutes les caisses et voitures sont peintes en gris bleu foncé.

Parmi les prolonges qui composent un parc, quelques-unes portent de grandes roues de rechange, quelques autres de petites roues, quelques cries, etc. Toutes doivent porter une ou deux volées de devant ferrées, un seau ferré, un pot à graisse plein, une pelle ou une pioche, un timon ferré ou un timon non ferré, dit *en blanc*. On appelle également *volée en blanc* une volée non ferrée, composée de trois pièces séparées, la volée proprement dite et deux palonniers.

Outre ces objets qu'on peut voir et inspecter au moment du départ d'un convoi, ainsi que les chaînes à enrayer, les chaînes de timon, etc., il y a dans les caisses de toutes les prolonges une volée en blanc, une cheville ouvrière avec sa clavette, deux esses d'essieu avec leurs lanières, une rondelle, quelques clous, et une clé à écrous doubles. Ces objets occupent, dans les caisses, de petits compartimens, où ils sont séparés des outils.

Les *caissons* de mineurs sont semblables aux caissons d'outils des parcs de l'artillerie. Ils contiennent un assortiment complet d'outils et d'objets d'approvisionnement pour les travaux des compagnies de mineurs. L'intérieur est divisé en compartimens affectés aux différens outils et objets. Voici ses principales dimensions : Longueur 3,08; largeur 0,86; hauteur sur les côtés 0,43 ; hauteur sous le faîte 0,74. Un petit coffret placé sur le devant reçoit quelques objets qui sont d'un usage fréquent. Les caissons sont munis d'un essieu-porte-roue, de ranchets, crochets, chaînes, etc.

Les *forges* portent tout ce qui est nécessaire pour les travaux des ouvriers en fer. Elles sont semblables dans l'artillerie et le génie.

Les *fourgons* sont des voitures légères qui servent au transport de la comptabilité, des fonds, des objets de bureau, des instrumens, etc.

Les prolonges et les fourgons sont attelés à quatre chevaux. Les caissons de mineurs le sont à six, parce qu'ils sont plus chargés ; les forges le sont également à six, parce qu'elles doivent avoir plus de mobilité que les autres voitures.

*Outils et Approvisionnemens.*

Il y a trois principales sortes d'outils : les outils à terrassiers, les outils tranchans et les outils d'art. On appelle *prolonges d'outils à terrasiers et tranchans*, celles qui portent ces deux sortes d'outils, et *prolonges de sapeurs*, celles qui portent un assortiment des trois sortes d'outils et un approvisionnement d'objets divers.

L'expérience prouve que l'on doit régler le chargement des voitures destinées à suivre les mouvemens des armées, à raison de 250 kilogrammes au plus par cheval, non compris le poids de la voiture. Ainsi le chargement des prolonges ne doit pas excéder 1000 kilogrammes. L'équarrissage des bois employés à leur construction ne comporte pas un chargement plus considérable.

| | |
|---|---|
| Le poids des agrès et objets de rechange est d'environ. . . . . . . . . . . . . . . . . | 128 |
| Les caisses d'outils pèsent à vide. . . . . . . | 172 |
| | 300 |
| Complément en outils à 1000 kilogrammes. | 700 |
| La voiture pèse. . . . . . . . . . . . . . . | 633 |
| TOTAL, au plus (1). . . . . . . . . . . | 1,633 |

(1) Le chariot de l'artillerie pèse 812 kilogrammes. Son chargement est fixé à 250 outils à terrassiers ou 5 tonnes de poudre de 100 kilogrammes chaque ; il ne doit pas excéder 750 kilogrammes (*Aide-Mémoire*, pages 206 et 295) ; total 1562 kilogrammes, non compris le poids des agrès, qui n'est pas considérable.

*Prolonges d'outils à Terrassiers et tranchans.*

On a adopté le chargement suivant dans quelques campagnes :

| | | | k. | k. |
|---|---|---|---|---|
| 270 | 87 | Pioches . . . . | à 2,55 l'une. . | 221,85 |
| | 6 | Pics à tête . . . | à 3,05. . . . . | 18,30 |
| | 130 | Pelles rondes | à 1,80. . . . . | 234 » |
| | 47 | Pelles carrées | à 2,20. . . . | 103,40 |
| 80 | 32 | Grandes haches | à 2,50. . . . . | 80 » |
| | 48 | Serpes. . . . . | à 0,80 . . . . | 38,40 |
| 350 | | Outils. . . . . . . . . . . . . . . . . | | 695,95 |

La manière la plus simple de répartir les 350 outils, dans les quatre caisses, est d'en mettre, à une unité près, le même nombre de chaque espèce dans chacune des quatre caisses. On ajoute 10 manches de pioches de rechange et autant de pelles rondes. Les haches, les serpes et les pelles carrées sont ordinairement emmanchées ; les pioches et les pelles rondes ne le sont pas toujours, surtout lorsque ces outils n'ont pas encore servi. On n'éprouve alors aucune difficulté pour en mettre le nombre convenable dans chaque caisse; les manches étant ainsi séparés des outils, on trouve pour eux une place plus que suffisante. Lorsque les pioches et les pelles sont emmanchées, il convient de les charger dans cet état, parce que l'opération de les démancher a des inconvéniens ; mais il faut plus de temps pour faire le chargement ; l'on est quelquefois obligé de démancher quelques outils pour faire en sorte qu'ils puissent être tous contenus dans les caisses. Si l'on a emmanché les pelles sans employer de clous, il sera facile de les démancher. Il est facile de démancher les pioches, mais si l'œil pour toutes n'a pas les mêmes dimensions, il faudra un peu plus de temps pour les emmancher.

On ne doit pas considérer ce chargement comme un modèle à suivre dans tous les cas ; la proportion d'après laquelle on doit régler le nombre des outils de chaque espèce, nécessaires dans un parc, est susceptible de varier. Il y a des terrains où les pelles carrées ne conviennent pas ; il y a des cas où l'on n'a besoin que d'un petit nombre de grandes haches (1).

Si l'on voulait composer le chargement entièrement en outils à terrassiers, il faudrait en réduire le nombre à 300.

Toutes les fois que cela est possible, on doit placer les caisses sur les voitures, avant d'y mettre les outils, parce que le maniement en est difficile lorsqu'elles contiennent les outils qui en font le chargement. Il faut alors prendre des précautions pour ne pas casser les ridelles, et quelquefois le timon.

Voici le détail des agrès et objets de rechange pour deux prolonges :

## *Pour une Prolonge.*

### 1° *Objets de rechange.*

| | | k. | |
|---|---|---|---|
| Volées de devant avec leurs paloniers | 1 | 9,50 | 89,50 |
| Roues de devant | 1 | 59 » | |
| Timons garnis de leurs ferrures | 1 | 21 » | |

### 2° *Agrès de Voitures.*

| | | | |
|---|---|---|---|
| Civières à lunettes | 1 | 9 » | 17,80 |
| Seaux de voitures | 1 | 4,50 | |
| Pots à graisse garnis | 1 | 1,80 | |
| Pioche | 1 | 2,50 | |
| *A reporter* | | | 107,30 |

(1) Dans le chargement ci-dessus, il y a un tiers de haches contre les deux tiers de serpes. Cette règle est tirée des *Mémoires* de M. de Mouy. (D'Antoni, *de l'Artillerie à la Guerre*, page 223.)

*Report ci-contre.* . . . . . . . . . . . 107,30

3° *Objets de rechange renfermés dans la Caisse n° 1.*

| | | k. | |
|---|---|---|---|
| Volée de devant en blanc. . . . . . | 1 | 2,20 | |
| Palonniers *idem*. . . . . . . . | 2 | 2,60 | |
| Esses d'essieu de 0m,162. . . . . . . | 2 | 0,94 | |
| Rondelles de bout d'essieu. . . . . . | 1 | 0,45 | |
| Cheville ouvrière avec sa clavette. . | 1 | 3 » | |
| Clous d'applicage n° 3. . . . . . . . | 6 | 0,13 | |
| *Idem* n° 4. . . . . . . . . | 2 | 0,04 | 11,20 |
| *Idem* n° 5. . . . . . . . . | 7 | 0,11 | |
| *Idem* n° 6. . . . . . . . . | 14 | 0,21 | |
| *Idem* n° 10. . . . . . . . | 4 | 0,03 | |
| Clefs à écrous doubles. . . . . . . . | 1 | 1,45 | |
| Lanières d'esses. . . . . . . . . . . | 2 | 0,04 | 118,50 |

4° *Les Caisses.*

| | | | |
|---|---|---|---|
| Caisses. . . . . . . . . . . . . . . . | 4 | 169 » | 172 » |
| Cadenas avec leurs clefs. . . . . . . | 4 | 3 » | |

5° *La Voiture.*

| | | | |
|---|---|---|---|
| Corps de la prolonge ferrée avec un essieu. . . . . . . . . . . . . . . | 1 | 226 » | |
| Avant-train avec son essieu. . . . . | 1 | 141 » | 633 » |
| Roues de devant. . . . . . . . . . . | 2 | 118 » | |
| Roues de derrière. . . . . . . . . . | 2 | 148 » | |

Total. . . . . . . . . . . . . . . . 923,50

Poids des outils. . . . . . . . . . . . 695,95

TOTAL GÉNÉRAL. . . . . . . . . . 1629,45

## *Pour une autre Prolonge.*

### 1° *Objets de rechange.*

| | | k. | |
|---|---|---|---|
| Volées de devant avec leurs palonniers. | 1 | 9,50 | 83,50 |
| Roue de derrière. | 1 | 74 » | |
| Timon non ferré (1) | 1 | 00,00 | |

### 2° *Agrès de Voitures.*

| | | | |
|---|---|---|---|
| Civière à ridelles. | 1 | 18,90 | 27,10 |
| Seau de voitures. | 1 | 4,50 | |
| Pot à graisse garni. | 1 | 1,80 | |
| Pelle carrée. | 1 | 1,90 | |
| Cric (petit ou grand) (2). | 1 | 00,00 | |

### 3° *Objets de rechange renfermés dans la Caisse n° 1.*

| | |
|---|---|
| Comme à la prolonge qui précède. | 11,20 |
| 4° *Caisses et Cadenas.* | 172 » |

### 5° *Voiture.*

| | | |
|---|---|---|
| Corps de voiture, avant-train et roues. | 633 » | 651 » |
| Essieu porte-roue. | 18 » | |
| Total. | | 944,80 |
| Poids des outils. | | 695,95 |
| TOTAL GÉNÉRAL. | | 1640,75 |

(1) On suppose que ce timon est porté sur une prolonge qui n'a pas de roue de derrière de rechange.

(2) Même observation pour le cric.

*Prolonge de Sapeurs portant des outils à terrassiers et tranchans, et des outils d'art.*

Des compartimens existent quelquefois dans les caisses pour des outils d'art; une petite caisse, dite caisse intérieure, contient une partie de ces outils et quelques autres objets. Voici l'état du chargement des outils par ordre alphabétique. Il conviendra d'y ajouter le numéro de la caisse où chaque outil doit être placé. La petite caisse intérieure pèse 58 kilogrammes.

| DÉSIGNATION. | Quantités. | Poids de chaque outil. | Poids total. | *OBSERV.* |
|---|---|---|---|---|
| 1° *Outils à terrassiers et tranchans.* | | | | |
| Pioches. . . . . . . . . . . . . . . | 42 | 2,55 | 107,10 | |
| Pics à tête. . . . . . . . . . . . | 8 | 3,05 | 24,40 | |
| Pelles rondes. . . . . . . . . . . | 65 | 1,80 | 117 » | |
| Pelles carrées. . . . . . . . . . . | 35 | 2,20 | 77 » | |
| Haches ordinaires (grandes). . . | 20 | 2,50 | 50 » | |
| Serpes. . . . . . . . . . . . . . . | 30 | 0,80 | 24 » | |
| Totaux. . . . . . . . . . | 200 | | 399,50 | |
| 2° *Outils d'art.* | | | | |
| Becs d'âne. . . . . . . . . . . . . | 8 | | 2,40 | Caisse intér. |
| Besaiguës. . . . . . . . . . . . . | 2 | | 8 | |
| Bondax. . . . . . . . . . . . . . . | 1 | | 1,90 | |
| Ciseaux de charrons et charp. . | 5 | | 4,80 | Caisse intér. |
| *Idem* de menuisiers. . . . . . | 2 | | 0,46 | *Idem.* |
| *Idem* de tailleurs de pierres. . | 1 | | 0,70 | *Idem.* |
| Clefs à écrous doubles. . . . . . | 2 | | 3,80 | |
| Coignées de charrons. . . . . . | 2 | | 7 » | |
| *A reporter.* . . . . . . . | 23 | | 29,06 | |

| DÉSIGNATION. | Quantités. | Poids de chaque outil. | Poids total. | OBSERV. |
|---|---|---|---|---|
| *Report d'autre part.* . . . | 23 | | 29,06 | |
| Coignée de charpentiers. . . . . | 1 | | 4 » | |
| Coins de fer de 0,16. . . . . . . . | 4 | | 8,40 | |
| Compas grand droit. . . . . . . | 1 | | 0,40 | Caisse intér. |
| *Idem* petit. . . . . . . . . . . | 3 | | 0,60 | *Idem.* |
| Epaule de mouton. . . . . . . . | 1 | | 2,90 | |
| Equerres en fer. . . . . . . . . | 4 | | 6 » | |
| *Idem* en bois. . . . . . . . . | 2 | | 0,50 | |
| *Idem* fausse en fer. . . . . . | 1 | | 2 » | |
| *Idem* fausse en bois. . . . . | 2 | | 1 » | |
| Essettes ou herminettes. . . . . | 3 | | 9,16 | |
| Fers de rabots ou de varlopes. . | 4 | | 0,60 | Caisse intér. |
| Fils à plomb avec chât. . . . . . | 4 | | 0,80 | *Idem.* |
| Fûts de villebrequin en fer. . . | 2 | | 1 » | *Idem.* |
| Galère. . . . . . . . . . . . . . | 1 | | 1 » | |
| Gouges de menuisier. . . . . . . | 2 | | 0,20 | Caisse intér. |
| *Idem* de charrons et charpentiers. . . . . . . . . . . . . | 4 | | 2 » | *Idem.* |
| Gouges carrées. . . . . . . . . . | 1 | | 0,50 | |
| Haches de charpentier. . . . . . | 6 | | 19,50 | |
| *Idem* à main. . . . . . . . . . | 4 | | 10 » | |
| Limes diverses. . . . . . . . . . | 5 | | 0,45 | Caisse intér. |
| Maillets. . . . . . . . . . . . . | 2 | | 2 » | |
| Marteaux de charpentier à pannes fendues et à pointes. . . . . . . | 4 | | 4,60 | |
| Marteaux rivoirs. . . . . . . . . | 2 | | 1,70 | |
| *Idem* de maçons. . . . . . . | 4 | | 8 » | |
| *Idem* à tranches et à pointes. | 1 | | 3,30 | |
| Masses carrées grosses. . . . . | 2 | | 9,20 | |
| *Idem* petites. . . . . . | 2 | | 4 » | |
| Mèches de villebrequin. . . . . | 12 | | 0,40 | Caisse intér. |
| *A reporter.* . . . . . . . . | 107 | | 133,27 | |

| DÉSIGNATION. | Quantités. | Poids de chaque outil. | Poids total. | OBSERV. |
|---|---|---|---|---|
| *Report ci-contre.* . . . . | 107 | | 133,27 | |
| Meules montées. . . . . . . . . . | 1 | | 11 » | |
| Niveaux de maçon. . . . . . . . | 2 | | 1,90 | |
| *Idem* de charpentiers. . . . . | 2 | | 2,40 | |
| Pince de 1,60. . . . . . . . . . | 1 | | 15 » | |
| *Idem* de 1m à pied de biche. . | 1 | | 6 » | |
| *Idem* de 0,60. . . . . . . . . | 2 | | 8,20 | |
| Pierres à affiler. . . . . . . . . | 6 | | 2 » | Caisse intér. |
| Piochons. . . . . . . . . . . . | 1 | | 2,70 | |
| Planes. . . . . . . . . . . . . | 5 | | 2,50 | |
| Poinçons à tailler la pierre. . . . | 1 | | 0,50 | Caisse intér. |
| Pointes à tracer. . . . . . . . . | 2 | | 0,20 | *Idem.* |
| Rabots. . . . . . . . . . . . . | 1 | | 0,90 | |
| Râpes à bois. . . . . . . . . . | 2 | | 0,60 | Caisse intér. |
| Reinettes tourne-à-gauche. . . . | 6 | | 0,60 | *Idem.* |
| Repoussoirs en fer. . . . . . . . | 2 | | 0,50 | *Idem.* |
| Scie à une main ou de batelier. . | 1 | | 1,10 | |
| *Id.* grande de 1,30. . . . . . | 1 | | 6,10 | |
| *Id.* moyennes. . . . . . . . . | 3 | | 3,60 | |
| *Id.* tournante. . . . . . . . . | 1 | | 1,50 | |
| *Id.* de long à crémaille. . . . | 1 | | 7,60 | |
| *Id.* passe-partout. . . . . . . | 2 | | 4,70 | |
| Tarrières assorties. . . . . . . | 8 | | 9,33 | |
| Tenailles. . . . . . . . . . . . | 2 | | 1 » | Caisse intér. |
| Tiers-points. . . . . . . . . . . | 10 | | 0,30 | *Idem.* |
| Tricoises. . . . . . . . . . . . | 2 | | 2 » | *Idem.* |
| Truelles. . . . . . . . . . . . | 4 | | 2 » | |
| Trusquin. . . . . . . . . . . . | 1 | | 0,20 | |
| Varlope. . . . . . . . . . . . . | 1 | | 4 » | |
| Vrilles. . . . . . . . . . . . . | 15 | | 0,60 | Caisse intér. |
| TOTAUX. . . . . . . . . . | 194 | | 232,30 | |

| DÉSIGNATION. | Quantités. | Poids de chaque outil. | Poids total. | OBSERV. |
|---|---|---|---|---|
| 3° *Approvisionnemens.* | | | | |
| Réchauds de rempart. . . . . . | 2 | | 5 » | |
| Lanternes ordinaires. . . . . . . | 4 | | 2 » | |
| Boîte avec 2 briquets et garniture. | 1 | | 1,80 | Caisse intér. |
| Clameaux. . . . . . . . . . . . | 10 | | 6,20 | |
| Broches assorties. . . . . . . . | — | | 10 » | Caisse intér. |
| Clous *idem*. . . . . . . . . . . | — | | 10 » | *Idem.* |
| Clous d'épingles. . . . . . . . . | — | | 1 » | *Idem.* |
| Cordages assortis. . . . . . . . | — | | 15 » | |
| Cordeaux à tracer. . . . . . . . | — | | 2 » | |
| Ficelle. . . . . . . . . . . . . . | — | | 1 » | |
| Pierres à tracer. . . . . . . . . | | | 2 » | Caisse intér. |
| Torches. . . . . . . . . . . . . | 10 | | 10 » | |
| Bougies. . . . . . . . . . . . . | | | 5 » | Caisse intér. |
| Tourteaux. . . . . . . . . . . . | | | 8 » | |
| Petit cric (1). . . . . . . . . . | 1 | | 9 » | |
| TOTAL. . . . . . . . . . . | | | 88 » | |
| RÉCAPITULATION. | | | | |
| Outils à pionniers et tranchans. | | | 399,50 | |
| Outils d'art. . . . . . . . . . . | | | 232,30 | |
| Approvisionnemens. . . . . . . . | | | 88 » | |
| TOTAL. . . . . . . . . . . | | | 719,80 | |

Les quatre caisses ne sont pas remplies par les outils et les approvisionnemens ; mais le chargement ne doit pas excéder 700 à 720 kilogrammes. Si la prolonge d'agrès

(1) On le place sur la civière à ridelles au moment du départ. Toutes les prolonges n'en ont pas.

porte une suffisante quantité de broches, cordages, torches et clameaux, on pourra remplacer ces objets par des manches et par du cordeau à tracer; on pourra aussi augmenter le nombre des marteaux de charpentier et des planes de charron, outils dont on fait une grande consommation pour emmancher et démancher les pioches et les pelles.

*Outils nécessaires au détachement d'ouvriers.*

| | |
|---|---|
| Amorçoirs. . . . . . . . . . . . . . . . . . | 2 |
| Becs d'âne (dont 2 avec manches en fer). | 12 |
| Boîte à briquet. . . . . . . . . . . . . . . | 1 |
| Ciseaux de charpentier. . . . . . . . . . | 4 |
| Ciseaux de menuisier. . . . . . . . . . . | 6 |
| Clefs à écrous doubles. . . . . . . . . . | 3 |
| Coignées de charron. . . . . . . . . . . . | 2 |
| *Idem* de charpentier. . . . . . . . . . | 2 |
| Compas assortis. . . . . . . . . . . . . . | 4 |
| Equerres en bois. . . . . . . . . . . . . . | 3 |
| *Idem* fausse en bois. . . . . . . . . . | 1 |
| Essettes ou herminettes. . . . . . . . . | 3 |
| Ficelle. . . . . . . . . . . . . . . . . . . . | » |
| Fers de rabot ou de varlope. . . . . . | 4 |
| Feuilleret. . . . . . . . . . . . . . . . . . | 1 |
| Fûts de villebrequin. . . . . . . . . . . | 2 |
| Galères ou demi-varlopes. . . . . . . . | 3 |
| Gouges de menuisier. . . . . . . . . . . | 4 |
| Guillaume. . . . . . . . . . . . . . . . . . | 1 |
| Haches à main. . . . . . . . . . . . . . . | 2 |
| Limes plates et rondes. . . . . . . . . . | 4 |
| Maillets. . . . . . . . . . . . . . . . . . . | 4 |
| Marteaux de charpentier. . . . . . . . . | 4 |
| Marteaux rivoirs. . . . . . . . . . . . . . | 4 |
| Masse grosse à enrayer. . . . . . . . . . | 1 |

Masses à main. . . . . . . . . . . . . . . . 2
Mèches de villebrequin. . . . . . . . . . . 12
Meules montées. . . . . . . . . . . . . . . 2
Pierres à affiler. . . . . . . . . . . . . . 2
Planes de charron. . . . . . . . . . . . . . 6
Rabots. . . . . . . . . . . . . . . . . . . 4
Râpes à bois. . . . . . . . . . . . . . . . 3
Reinettes tourne-à-gauche. . . . . . . . . 5
Règles d'un mètre. . . . . . . . . . . . . 2
Scie à une main. . . . . . . . . . . . . . 1
Scie grande. . . . . . . . . . . . . . . . 1
Scies moyennes ordinaires. . . . . . . . . 2
Scie à refendre. . . . . . . . . . . . . . 1
Scie à chantourner. . . . . . . . . . . . . 1
Scie de long. . . . . . . . . . . . . . . . 1
Serpes. . . . . . . . . . . . . . . . . . . 2
Tarrières assorties. . . . . . . . . . . . 14
Tiers-points *idem*. . . . . . . . . . . . 8
Tricoises. . . . . . . . . . . . . . . . . 3
Valets d'établi. . . . . . . . . . . . . . 2
Varlopes. . . . . . . . . . . . . . . . . . 4
Vrilles assorties. . . . . . . . . . . . . 12
Romaine à cadran. . . . . . . . . . . . . . 1

## *Chargement du caisson de Mineurs.*

| OUTILS. | Quantités. | Poids. |
|---|---|---|
| Pioches. . . . . . . . . . . . . . . . . . . | 8 | 20,40 |
| Pics à tête. . . . . . . . . . . . . . . . . | 20 | 70 » |
| *Idem* à 2 pointes. . . . . . . . . . . . . | 2 | 8 » |
| Louchets à gazonner. . . . . . . . . . . . | 2 | 4,40 |
| Pelles rondes. . . . . . . . . . . . . . . . | 8 | 13,20 |
| *A reporter*. . . . . . . . . . . . . . | 40 | 116,00 |

| OUTILS. | Quantités. | Poids. |
|---|---|---|
| *Report ci-contre.* | 40 | 116,00 |
| Pelles carrées. | 4 | 8,08 |
| Dragues. | 4 | 8,20 |
| Langues de bœuf. | 4 | 7,60 |
| Aiguilles à pétarder de 2$^{m}$. | 2 | 20,40 |
| *Idem* de 1,70. | 2 | 16 » |
| Pistolets de 1. | 4 | 22,40 |
| de 0,60. | 6 | 24 » |
| de 0,50. | 4 | 10 » |
| Curettes de 1,50. | 4 | 2,80 |
| de 1. | 4 | 2 » |
| de 0,60. | 4 | 1,20 |
| Epinglettes de 1,60. | 4 | 2,80 |
| de 1. | 4 | 2 » |
| de 0,60. | 4 | 1,20 |
| Pinces de 1,60. | 2 | 30 » |
| de 1$^{m}$. | 4 | 24 » |
| de 0,60. | 4 | 16,40 |
| Refouloirs en fer sabottés en cuivre. | 3 | 9,50 |
| Ciseaux de mineurs de 0,60. | 6 | 20 » |
| *Idem* de 0,30. | 6 | 7,20 |
| Poinçons de 0,60. | 4 | 14 » |
| *Idem* de 0,30. | 4 | 5 » |
| Mèches de trépan avec 6 alonges et 1 tourne-à-gauche pour les deux mèches. | 2 | 31,50 |
| Masses carrées grosses. | 2 | 9,20 |
| *Id.* petites à main. | 4 | 8 » |
| *Id.* à tranches verticales grosses. | 2 | 8 » |
| *Idem* petites. | 2 | 3,40 |
| Coins de fer de 0,25. | 4 | 15,20 |
| *Idem* de 0,16. | 4 | 8,40 |
| *A reporter.* | 147 | 454,48 |

| OUTILS. | Quantités. | Poids. |
|---|---|---|
| *Report d'autre part.* | 147 | 454,48 |
| Marteaux de charpentiers à pannes fendues et à pointes. | 8 | 9,20 |
| *Idem* en cuivre. | 4 | 2,30 |
| Marteaux de maçon. | 2 | 4 » |
| *Idem* rivoirs. | 4 | 3,40 |
| Chandeliers de mines. | 24 | 16,20 |
| Fils à plomb à pointes grosses. | 1 | 1,60 |
| *Idem* à pointes petites. | 6 | 1,20 |
| Haches de charpentier. | 2 | 6,50 |
| *Idem* à main. | 6 | 15 » |
| Besaiguë. | 1 | 4 » |
| Bondax. | 1 | 1,90 |
| Essette ou herminette. | 1 | 3,05 |
| Scie grande. | 1 | 6,10 |
| *Id.* moyennes pour les mines. | 4 | 4,80 |
| Scie passe-partout. | 1 | 2,40 |
| Scie de long à crémaille. | (1) | |
| Tarrières. | 4 | 4,70 |
| Gouges de charpentier et de charron. | 2 | 1 » |
| Fûts de villebrequin en fer. | 2 | 1 » |
| Mèches pour *idem*. | 6 | 0,20 |
| Vrilles. | 20 | 0,80 |
| Equerre fausse en fer. | 1 | 2 » |
| *Idem* en bois. | 2 | 1 » |
| Planes. | 4 | 2 » |
| Ciseaux de menuisier. | 4 | 0,90 |
| *A reporter.* | 258 | 549,73 |

(1) Cet outil, très-utile pour débiter les bois, doit être compris, ainsi que les limes nécessaires pour s'en servir, dans le chargement des caissons de mineurs.

| OUTILS. | Quantités. | Poids. |
|---|---|---|
| *Report ci-contre.* . . . . . . . . . . | 258 | 549,73 |
| Ciseaux de charron. . . . . . . . . . . . . . | 2 | 1,80 |
| Varlope ordinaire. . . . . . . . . . . . . . | 1 | 4 » |
| Demi-varlope. . . . . . . . . . . . . . . . | 1 | 3 » |
| Rabots. . . . . . . . . . . . . . . . . . . | 2 | 1,80 |
| Fers de rechange pour varlopes et rabots. . | 4 | 0,60 |
| Compas moyen droit. . . . . . . . . . . | 1 | 0,40 |
| *Idem* petit. . . . . . . . . . . . . . . . . | 2 | 0,40 |
| Equerre. . . . . . . . . . . . . . . . . . | 1 | 1,50 |
| *Idem* en bois. . . . . . . . . . . . . . . | 2 | 0,50 |
| Maillets. . . . . . . . . . . . . . . . . . | 2 | 2 » |
| Pierres à affiler. . . . . . . . . . . . . . | 3 | 1 » |
| Truelles. . . . . . . . . . . . . . . . . . | 2 | 1 » |
| Tricoises. . . . . . . . . . . . . . . . . . | 4 | 4 » |
| Tenailles. . . . . . . . . . . . . . . . . . | 2 | 1 » |
| Reinettes tourne-à-gauche. . . . . . . . . . | 4 | 0,20 |
| Limes diverses. . . . . . . . . . . . . . . | 4 | 0,30 |
| Tiers-points. . . . . . . . . . . . . . . . | 4 | 0,10 |
| Total des outils. . . . . . . . . . . | 299 | 573,33 |
| *Instrumens et Approvisionnemens.* | | |
| Planchette avec son pied. . . . . . . . . . . | 1 | 10 » |
| Alidade en bois. . . . . . . . . . . . . . . | 1 | 3 » |
| Graphomètre de 9 pouces de diamètre avec son pied commun à la boussole et au niveau. . . . . . . . . . . . . . . . . . | 1 | 7 » |
| Boussole. . . . . . . . . . . . . . . . . . | 1 | 0,50 |
| Niveau d'eau. . . . . . . . . . . . . . . . | 1 | 1,20 |
| Equerre d'arpenteur. . . . . . . . . . . . | 1 | 0,30 |
| Voyant de nuit. . . . . . . . . . . . . . . | 1 | 0,80 |
| *A reporter.* . . . . . . . . . . . . . | 306 | 596,13 |

| OUTILS. | Quantités. | Poids. |
|---|---|---|
| *Report d'autre part.* . . . . . . . . . . | 306 | 596,13 |
| Etui simple de mathématiques avec un rapporteur. . . . . . . . . . . . . . . . . . . | 1 | 0,20 |
| Pieds de roi à division ancienne et nouvelle. | 2 | 0,10 |
| Double mètre. . . . . . . . . . . . . . . . | 1 | 1,50 |
| Doubles décimètres. . . . . . . . . . . . . | 4 | 0,10 |
| Niveaux de maçon.. . . . . . . . . . . . . | 6 | 5,60 |
| Règles de 1 et de 2 mètres. . . . . . . . . | 6 | 3 » |
| Lanternes sourdes. . . . . . . . . . . . . | 4 | 2 » |
| Entonnoirs de fer blanc. . . . . . . . . . . | 2 | 0,40 |
| Mesures en fer blanc de 2 kilogrammes. . . . | 2 | 0,80 |
| Boîtes à pulvérin en fer blanc. . . . . . . . | 2 | 0,70 |
| Meule à aiguiser montée. . . . . . . . . . | 1 | 11 » |
| Manivelles de treuil. . . . . . . . . . . . | 2 | 17,60 |
| Frettes pour *idem*. . . . . . . . . . . . . | 2 | 3 » |
| Boîte de bougies. . . . . . . . . . . . . . | 1 | 12 » |
| Boîte avec briquet, pierres et mèches soufrées. . . . . . . . . . . . . . . . . . | 1 | 0,20 |
| Sacs de cuir. . . . . . . . . . . . . . . | 4 | 2 » |
| Sacs à terre. . . . . . . . . . . . . . . . | 20 | 2,10 |
| Clous assortis. . . . . . . . . . . . . . | — | 30 » |
| Cordeau à tracer (100 mètres). . . . . . . . | — | 8 » |
| Pierres à tracer. . . . . . . . . . . . . . | — | 1 » |
| Ficelle fine. . . . . . . . . . . . . . . . | — | 1 » |
| Saucisson en toile très-serrée (100 mètres). . | — | 3,60 |
| Amadou. . . . . . . . . . . . . . . . . . | — | 1 » |
| Mèches pour étoiles. . . . . . . . . . . . | — | 2 » |
| Petit cric. . . . . . . . . . . . . . . . . | 1 | 12 » |
| Total du chargement. . . . . . . . | | 717,03 |
| Le caisson vide, y compris une grande roue de rechange, un timon, une civière, une volée ferrée, une cheville ouvrière, etc. . | | 963 » |
| TOTAL GÉNÉRAL. . . . . . . . . . . | | 1680,03 |

## *Chargement de la Forge.*

| OUTILS. | Quantités. | Poids. |
|---|---|---|
| Soufflet avec chemise | 1 | 54,20 |
| Bigorne | 1 | 59 » |
| Bloc de la bigorne ferré | 1 | 48,50 |
| Etau de 25 kilog. et de 1m de hauteur | 1 | 28,70 |
| Seau accroché derrière l'épar | 1 | 4,70 |
| *Outils de Forgeron et de Serrurier.* | | |
| Chasses carrées | 2 | 4 » |
| *Idem* rondes | 2 | 4,30 |
| Ciseaux à froid | 7 | 5,50 |
| Clefs d'écrou à deux fourches | 2 | 5,50 |
| Cloutières pour clous de bandes de 2 numéros. | 2 | 15 » |
| Cloutières pour clous d'applicage de divers numéros | 13 | 29,50 |
| Diable | 1 | 16,70 |
| Etampe à percer les bandes | 1 | 1,80 |
| *Idem* à étamper les bandes | 1 | 2,30 |
| Filière | 1 | 0,50 |
| Limes carreaux de 1 au paquet | 2 | 1,60 |
| Limes plates de 2 au paquet | 2 | 0,80 |
| Râpe à chaud | 1 | 1,50 |
| Limes demi-rondes | 2 | 1,20 |
| *Idem* triangulaire de 1 au paquet | 1 | 0,50 |
| *Idem* de 2 au paquet | 1 | 0,30 |
| *Idem* tiers-point de 4 pouces | 1 | 0,10 |
| *Idem* de 6 pouces | 1 | 0,10 |
| Marteau à panne d'équerre sur le manche | 1 | 4 » |
| *Idem* dans le sens du manche | 1 | 4 » |
| *Idem* à main | 2 | 3,90 |
| *Idem* à panne fendue | 1 | 2,50 |
| *A reporter* | 53 | 300,70 |

| OUTILS. | Quantités. | Poids. |
|---|---|---|
| *Report d'autre part.* . . . . . . . . . . | 53 | 300,70 |
| Marteaux rivoirs. . . . . . . . . . . . . . . | 3 | 3 » |
| Mouillette. . . . . . . . . . . . . . . . . . | 1 | 1 » |
| Palette. . . . . . . . . . . . . . . . . . . | 1 | 1,20 |
| Perçoir de 3 pouces de haut non soudé. . . . | 1 | 2 » |
| Poinçons emmanchés ronds. . . . . . . . . . | 4 | 7 » |
| Poinçon carré. . . . . . . . . . . . . . . . | 1 | 2,20 |
| *Idem* plat. . . . . . . . . . . . . . . . | 1 | 1,90 |
| Pied de biche. . . . . . . . . . . . . . . . | 1 | 3,30 |
| Poinçons non emmanchés de 8 pouc. de long et 8 lig. d'équarrissage. . . . . . . . . . | 4 | 4,70 |
| Ratissette ou crochet. . . . . . . . . . . . | 1 | 0,70 |
| Tenailles droites. . . . . . . . . . . . . . | 3 | 7 » |
| *Idem* à crochets droits, dont une mâchoire recourbée. . . . . . . . . . . . . . | 4 | 2,50 |
| Tenaille à boulons. . . . . . . . . . . . . | 1 | 2,10 |
| *Idem* à chanfrein. . . . . . . . . . . . . | 1 | 1,50 |
| *Idem* à bande pour liens. . . . . . . . . | 1 | 1,80 |
| *Idem* à vis. . . . . . . . . . . . . . . . | 1 | 0,80 |
| *Idem* à embattre de 32 pouces de longueur totale, dont une pour le bout des bandes, une pour le milieu. . . . . . . . . . . . | 2 | 5,50 |
| Tourne-à-gauche. . . . . . . . . . . . . . | 1 | 2,70 |
| Tisonnier. . . . . . . . . . . . . . . . . . | 1 | 1 » |
| Tranches à froid. . . . . . . . . . . . . . | 2 | 4,50 |
| *Idem* à chaud. . . . . . . . . . . . . . | 2 | 3,80 |
| *Idem* à gouges. . . . . . . . . . . . . . | 1 | 1,80 |
| Tricoise grosse. . . . . . . . . . . . . . | 1 | 1 » |
| *Idem* ordinaire. . . . . . . . . . . . . | 1 | 0,50 |
| Tarauds pour écrous de 4 grandeurs. . . . . | 6 | 1 » |
| *A reporter.* . . . . . . . . . . . . . | 99 | 365,20 |

| OUTILS. | Quantités. | Poids. |
|---|---|---|
| *Report ci-contre.* . . . . . . . . . . | 99 | 365,20 |
| *Calibres et Profils.* | | |
| Calibre. . . . . . . . . . . . . . . . . . . . | 1 | 0,80 |
| Equerre en fer. . . . . . . . . . . . . . . . | 1 | 1,10 |
| Peigne à vérifier les tarauds. . . . . . . . . . | 1 | 0,10 |
| Double décimètre. . . . . . . . . . . . . . . | 1 | 0,10 |
| Pied de roi. . . . . . . . . . . . . . . . . . | 1 | 0,30 |
| *Pièces de rechange.* | | |
| Bandes à fourches. . . . . . . . . . . . . . | 4 | 8,50 |
| Clavettes doubles de 2 numéros. . . . . . . . | 36 | 2,50 |
| Clous d'applicage, suivant les numéros des tables de Manson. . . . . . . . . . . . . | 2700 | 39,80 |
| Caboches de 3 numéros. . . . . . . . . . . | 100 | 1,20 |
| Clous de bandes de roue de 2 numéros. . . . | 600 | 36,10 |
| Crampons de boîtes de 3 numéros. . . . . . | 10 | 1,60 |
| Esses d'essieux. . . . . . . . . . . . . . . | 6 | 1,70 |
| Esses d'essieux porte-roues. . . . . . . . . | 6 | 1,30 |
| Chevilles ouvrières. . . . . . . . . . . . . | 2 | 7,20 |
| Ecrous de boulons de 7 numéros. . . . . . . | 40 | 4,10 |
| Liens doubles de jantes avec les deux chevillettes par lien, à plier au feu. . . . . . | 20 | 17,80 |
| Liens doubles. . . . . . . . . . . . . . . . | 20 | 12,80 |
| Liens simples de jantes et à plier au feu. . . . | 20 | 5,90 |
| Liens simples mous. . . . . . . . . . . . . | 20 | 5,90 |
| Liens mous pour rais et flèches, avec les chevillettes. . . . . . . . . . . . . . . . . . | 28 | 9,50 |
| Rondelles de bout d'essieu. . . . . . . . . . | 8 | 3,30 |
| Barres de fer de 32 pouces de longueur pour bandes de grande roue. . . . . . . . . . | 5 | 28,20 |
| *Idem* pour bandes de petite roue. . . . . . . | 4 | 22,50 |
| *Idem* pour boulons. . . . . . . . . . . . . | 3 | 6 » |
| *A reporter.* . . . . . . . . . . . . . . | 3740 | 583,50 |

| OUTILS. | Quantités. | Poids. |
|---|---|---|
| *Report d'autre part.* . . . . . . . . . | 3740 | 583,50 |
| *Approvisionnemens.* | | |
| Charbon. . . . . . . . . . . . . . . . . . . . . . . | | 26 » |
| Acier. . . . . . . . . . . . . . . . . . . . . . . . | | 10 » |
| Sacs à terre. . . . . . . . . . . . . . . . . . . . | 3 | 0,70 |
| Bidon pour l'huile. . . . . . . . . . . . . . . . | 1 | 0,30 |
| Bidon à graisse suspendu. . . . . . . . . . . | 1 | 2 » |
| Boulet de soufflet . . . . . . . . . . . . . . . . | 1 | 8 » |
| Petit cric. . . . . . . . . . . . . . . . . . . . . | 1 | 12 » |
| TOTAL. . . . . . . . . . . . . . . . | | 642,50 |
| Poids de la voiture. . . . . . . . . . . . . . | | 1000 » |
| Volées de devant complètes. . . . . . . . . . | 2 | 14 » |
| Pioche . . . . . . . . . . . . . . . . . . . . . . | 1 | 2,50 |
| TOTAL GÉNÉRAL. . . . . . . . . . . | | 1659,00 |

Cet état de chargement est exactement conforme à celui des forges de l'artillerie (*Aide-Mémoire*, page 246).

*Prolonge ou Chariot d'agrès.*

Le chargement de cette prolonge n'est pas déterminé d'une manière bien fixe (1). Dans quelques cas, le chariot d'agrès n'a eu que quatre caisses, moins longues que les caisses ordinaires ; en sorte que l'on pouvait placer entre les couples de caisses du devant et du derrière une ancre et un grappin. Dans d'autres cas, le chariot d'agrès a reçu six caisses ordinaires, contenant à peu près tout ce qui est nécessaire pour établir un pont de chevalets ; savoir :

(1) Les modèles des trois derniers états de chargement qui précèdent étaient joints aux décrets d'organisation du matériel du génie, en date des 25 mars et 9 décembre 1811.

| | Longueur. | Diamètre. | Quantités. | Poids. | Poids total. |
|---|---|---|---|---|---|
| Amarres (1) pour bateaux. . . . . . . | 14 » | 0,024 | 30 | | 135 » |
| Bretelles (2). . . . . | | | 8 | | 2 » |
| Allonges de bretelles (3). . . . . . . | 4,70 | 0,012 | 40 | | 15,20 |
| Demi-allonges *id.* (3). | 2,35 | 0,011 | 60 | | 12,60 |
| Câbles (4). . . . . . | 50 » | 0,021 | 1 | | 20 » |
| *Idem* (4). . . . . . | 25 » | *Idem.* | 2 | | 20 » |
| *Idem* (4). . . . . . | 18 » | *Idem.* | 6 | | 42 » |
| Commandes (5). . . | 3 » | 0,013 | 15 | | 6,60 |
| Petite maille (6). . . | 150 » | 0,009 | 1 | | 24 » |
| Traits de manœuvre (7). . . . . . . | 3,20 | 0,018 | 100 | | 60 » |
| *A reporter.* . . | | | | | 337,40 |

(1) On les appelle traversières ou croisières, suivant leur emplacement. Il faut quatre amarres entre deux bateaux, une à l'amont, une à l'aval et deux en croix, dans l'intervalle qui sépare les bateaux. Les amarres servent aussi pour les ponts de chevalets.

(2) Les bretelles sont faites d'une bande de sangle et de deux bouts de menu cordage. Elles servent à remonter les bateaux.

(3) Les allonges et demi-allonges de bretelles servent au même usage que les bretelles.

(4) On emploie ces câbles en guise de cinquenelles dans les ponts de bateaux. On les emploie aussi dans les ponts de chevalets ; on en tend un en dessus du pont et un en dessous d'un bord à l'autre de la rivière, et on y amarre chaque chevalet. (*Aide-Mémoire*, page 431.) On peut s'en passer si la rivière est tranquille.

(5) Les commandes servent à lier les deux cours de poutrelles du dessus du pont aux poutrelles extérieures du dessous. Il y en a quinze; *ce nombre ne suffirait pas*, mais on peut faire servir au même usage les traits de manœuvres.

Les commandes servent aussi à attacher les cinquenelles sur les becs des bateaux : il en faut huit par bateau pour suffire à ce double usage.

(6) Les petites mailles servent à remonter les bateaux avec des hommes.

(7) *Traits de manœuvre.* L'auteur de l'*Aide-Mémoire*, page 270, leur assigne le même usage qu'aux *commandes* pour bateaux.

| | Longueur. | Diamètre. | Quantités. | Poids. | Poids total. |
|---|---|---|---|---|---|
| *Report d'autre part.* | | | | | 337,40 |
| Broches. . . . . . . . | 0,23 à 0,55 | | 600 | | 120 » |
| Clameaux (1). . . . | | | 300 | | 180 » |
| Boîtes à briquet. . . | | | 2 | | |
| Cordeau à tracer. . | 2000 » | 0,003 | 2 | | 12 » |
| Ficelle. . . . . . . . | 2000 » | 0,001 | 2 | | 8 » |
| Lanternes. . . . . . | | | 4 | | 2 » |
| Mèches soufrées. . | 60 » | | | | 4 » |
| Réchauds de rempart. . . . . . . . | | | 4 | | 10 » |
| Torches en cire. . . | | | 30 | | 30 » |
| Tourteaux. . . . . . | | | 30 | | 15 » |
| Total. . . . | | | | | 718,40 |

*Prolonges chargées d'Approvisionnemens divers.*

Le chargement de ces prolonges dépend des opérations que l'on projette et des ressources du pays où l'on fait la guerre.

On porte des bois pour réparer les roues (2) et le corps des voitures ; on compte cinq pièces de jante pour une grande roue et quatre pour une petite ; on compte dix rais par roue, etc.

(1) *Clameaux*. Ils sont faits de deux manières : il en faut dix par chevalet ; mais on en porte au moins le double.

(2) Il faut $\frac{1}{12}$ en roues de rechange ferrées de chaque espèce, $\frac{1}{24}$ en roues de rechange de chaque espèce non assemblées, $\frac{1}{4}$ en timons ferrés, $\frac{1}{4}$ en timons non ferrés, deux volées ferrées et une volée en blanc par voiture, un cric pour quatre voitures.

On porte, par exemple :

2 Essieux ferrés.
50 Kilogrammes d'acier.
100 Kilog. de fer pour bandes de roue (1).
50 Kilog. de fer pour lamettes de volées et palonniers (2).
100 Kil. de fer plat.
100 Kil. de fer pour boulons, etc.
200 Kil. de clous assortis, clous à planches, etc.
100 Kil. de cordages pour différens usages (3).

TOTAL 700 kilogrammes, chargement d'une prolonge.

Nous avons dit que l'on plaçait quelques manches de rechange dans les caisses des prolonges; mais ils sont bientôt consommés. Si l'on prévoit que l'on ne pourra pas s'en procurer dans le pays, il faudra en faire un approvisionnement particulier, au transport duquel on affectera quelques voitures. Il faut un manche de rechange pour deux outils. Chaque manche pèse 0,80.

## RÉCAPITULATION.

Supposons que l'on veuille transporter à la suite de l'armée environ 10,000 outils à terrassiers, 3,000 outils tranchans, un nombre d'outils d'art et une quantité d'approvisionnemens divers, en rapport avec les outils à terrassiers et tranchans, il faudra 50 voitures, une compagnie du train et un détachement d'ouvriers. Parmi ces 50 voitures, il y aura 36 prolonges d'outils à terrassiers et tranchans, 5 prolonges d'outils de sapeurs, 1 chariot d'agrès, 3 chariots

(1) Largeur 27 lignes = 0,06 ; épaisseur 5 lignes = 0,011.

(2) Largeur 17 lignes = 0,04 ; épaisseur 7 lignes = 0,016.

(3) Pour cabestans des ateliers aux fascines, pour breler, tracer, etc.

chargés d'objets de rechange et d'approvisionnemens divers, 1 caisson de mineurs, 2 forges, 2 fourgons.

### §. IV. *Matériel particulier aux travaux de Siége.*

L'exécution des travaux de siége exige un matériel considérable. Outre les outils qu'on a fait connaître, il faut, par tête de sape, deux crochets de sape et trois fourches de sape. Les fourches ont trois pointes, deux desquelles sont droites; la troisième est recourbée; elles servent à poser et ranger de loin les fascines, gabions et fagots de sape; leurs manches ou hampes ont $1^{m},60$ de longueur. Les crochets de sape ont deux pointes perpendiculaires l'une à l'autre; ils servent à manœuvrer les gabions farcis; leurs manches ont $3_{m},60$ de longueur. Un des deux crochets est garni à l'extrémité de son manche d'un anneau en fer, qui reçoit un piquet que l'on enfonce en terre. On munit chaque tête de sape d'une paire (1) des outils qui lui sont nécessaires, pour en avoir sur-le-champ sous la main et remplacer ceux qui ne peuvent plus servir.

Quoique les officiers du génie aient à peu près abandonné aujourd'hui l'usage des armes défensives, les règlemens qui leur prescrivent d'avoir le pot en tête et de revêtir la cuirasse, toutes les fois qu'ils tracent sous le feu de l'ennemi, sont toujours en vigueur. Le pot, ou simple morion, sans ornemens ni visière et destiné seulement à garantir la tête, pèse $5 \frac{1}{2}$ kilogrammes; il est doublé en dedans. La cuirasse pèse 15 kilogrammes. Le pot et la cuirasse ont des courroies et sont à l'épreuve de la balle.

On consomme dans les siéges une quantité considérable de fascines, de gabions et de sacs à terre. On fait les fascines et les gabions dans les bois taillis les moins éloignés de la place.

---

(1) *Mémorial pour l'Attaque*, page 56.

On tire les sacs à terre des magasins des places environnantes, ou on les fait faire sur les lieux.

Les fascines *à tracer* que l'on emploie pour tracer la première parallèle et ses communications, ont exactement 2 mètres de longueur (rien de plus) et $0^m,32$ à $0^m,35$ de tour. Elles sont reliées de 3 harts et pèsent 7 kilogrammes. Les piquets à tracer ont $0^m,50$ de longueur et $0^m,10$ à 0,12 de tour; ils pèsent $0^k,80$. Il en faut 2 par fascine.

Les fascines ordinaires que l'on emploie pour revêtir les talus des gradins des banquettes, couronner les gabions, etc., ont 2 à 3 mètres de longueur et $0^m,65$ de tour. Elles sont reliées de 5 à 6 harts et pèsent 16 à 24 kilogrammes. Les piquets à revêtir ont $0^m,80$ à 1 mètre de longueur, 14 à 16 centimètres de tour au milieu de leur longueur et pèsent $1^k,00$ à $1^k,25$. Il en faut 3 à 4 par fascine.

La hauteur des gabions de sape est fixée à $0^m,80$; les pointes des piquets dépassent cette hauteur de $0^m,15$. On pose les gabions, les pointes des piquets en l'air. Le diamètre extérieur des gabions est de $0^m,65$. On emploie à la construction d'un gabion : 1° 7 à 9 piquets qui ont 1 mètre de longueur et $0^m,11$ de tour au gros bout; 2° environ 35 brins de bois; 3° 8 harts. On enfonce les piquets en terre de $0^m,12$, sur la circonférence d'un cercle qui a $0^m,50$ de diamètre. La capacité du gabion et de $0^{m3},157$ ; il pèse 20 à 25 kilogrammes au plus, et par conséquent est très-portatif et très-maniable.

Le gabion farci a $2^m,30$ de longueur et $1^m,30$ de diamètre. On le farcit avec des fascines, ou mieux avec des matelas de laine. Lorsqu'il est vide, il pèse 175 kilogrammes; lorsqu'il est rempli de laine, il pèse 350 kilogrammes.

Le fagot de sape a $0^m,80$ de longueur et $0^m,65$ de tour; il a au centre un piquet qui dépasse de $0^m,20$ à $0^m,25$ par sa pointe.

On donne communément aux claies 2 mètres de longueur et 0,80 de largeur.

Les blindes ont $0^m,80$ de largeur entre les montans, 1,80 de hauteur entre les traverses; les montans et les traverses ont 0,08 à 0,10 d'équarrissage; les pointes des montans ont $0^m,40$ de longueur.

Nous passons sous silence les détails relatifs aux mines, qui sont trop spéciaux et trop étendus pour être compris dans cette instruction.

Les sacs à terre vides ont $0^m,65$ de longueur et $0^m,35$ à 0,40 de largeur, en sorte que, lorsqu'ils sont remplis de terre, ils ont $0^m,24$ à 0,27 de diamètre. On les remplit sur une hauteur de $0^m,45$ au plus. Des ficelles y sont fixées et servent à les lier, lorsqu'ils ont la quantité de terre voulue. Ils contiennent $\frac{1}{2}$ pied cube de terre ou $0^m,017$ et pèsent environ 25 kilogrammes; il en faut 9 pour remplir un gabion et 60 pour faire un mètre cube. Les sacs à terre sont par paquets de 100 ou de 200. Le paquet de 100 pèse 22 à 30 kilogrammes, suivant la toile et les dimensions des sacs. La charge d'un cheval est de 400 ou de deux paquets de 200.

L'usage était autrefois de faire faire les fascines et les piquets, comme ouvrages de corvée, par l'infanterie et la cavalerie. On commandait 2 à 3000 fascines par bataillon et 12 à 1500 par escadron. Les corps faisaient d'abord amas de ces matériaux à la tête de leurs camps, et ensuite dans les dépôts de tranchée, aussitôt après qu'ils avaient été établis. Mais ces fascines étaient presque toujours mal faites, et l'on était obligé de les refaire dans les dépôts de tranchée. Cet usage n'est pas aboli, parce que les siéges exigent une quantité considérable de fascines et de gabions, et que c'est une grande avance que d'avoir les matériaux à pied d'œuvre. Mais comme les troupes du génie sont aujourd'hui plus nombreuses qu'autrefois, on procède quelquefois différemment. On fait faire les fascines et les gabions dans les forêts par des détachemens de travailleurs composés de troupes du génie et de la ligne; on emploie l'infanterie à couper et transporter les bois, à faire les piquets, les sapeurs et les mineurs à faire les fascines et les gabions.

Le nombre d'hommes d'infanterie qui est nécessaire pour couper, transporter et rassembler le bois à portée des ateliers, varie avec les localités.

Chaque atelier pour les fascines est de 3 hommes. Il a besoin : 1° d'une masse ou maillet; 2° de 2 serpes; 3° d'un bout de corde de $1^m,10$ de longueur, appelé *jauge*; 4° d'un *cabestan* ou forte corde de 3 centimètres de diamètre et $1^m,60$ de longueur, repliée en boucle de 0,50 à chaque extrémité; 5° de deux leviers de 2 mètres de longueur et 24 à 27 centimètres de tour au gros bout. Un atelier fait une fascine ordinaire en 20 minutes.

L'atelier pour les gabions est de deux hommes. Il a besoin : 1° d'un maillet; 2° de deux serpes; 3° d'un petit piquet ou d'une pioche pour faire les trous des piquets du gabion; 4° d'un bout de corde pour tracer le gabion, ou d'un panneau circulaire propre au même usage. Cet atelier fait un gabion par heure.

Les hommes qui coupent le bois se servent de serpes et de haches à main. Il est facile d'après ces données, et connaissant la force du détachement qu'on veut employer, de calculer le nombre d'outils de chaque espèce qui lui sont nécessaires. On doublera le nombre des cabestans, parce que l'on en consomme beaucoup; on ajoutera quelques scies et deux meules montées. On pourrait d'avance, dans l'organisation du parc, régler le chargement d'une prolonge relativement à ce travail.

On emploie les voitures et les attelages du parc au transport des gabions et des fascines, si l'on ne peut disposer à cet effet de la cavalerie de l'armée ou des voitures du pays. Comme l'encaissement des prolonges a peu de profondeur, on fixe aux ridelles et aux brancards des étriers en fer, au moyen desquels on établit sur les côtés un système de montans et de traverses, qui permet de charger sur les prolonges 8 fascines et 20 gabions, ou 32 gabions. Mais les ridelles sont un peu faibles et ne résistent pas long-temps.

FIN.

IMPRIMERIE DE DEMONVILLE, RUE CHRISTINE, N° 2.

BIBLIOTHEQUE NATIONALE DE FRANCE
3 7531 00157680 1

www.ingramcontent.com/pod-product-compliance
Lightning Source LLC
Chambersburg PA
CBHW070944280326
41934CB00009B/2008

*9782019543105*